白 族

中国文化知识读本
Zhongguo Wenhua
Zhishi Duben

主编 金开诚

编著 马明玉

吉林出版集团有限责任公司
吉林文史出版社

图书在版编目（CIP）数据

白族／马明玉编著．—长春：吉林出版集团有限
责任公司：吉林文史出版社，2010.5（2022.1 重印）
（中国文化知识读本）
ISBN 978-7-5463-2909-3

Ⅰ．①白… Ⅱ．①马… Ⅲ．①白族－民族文化－中国
Ⅳ．① K285.2

中国版本图书馆 CIP 数据核字（2010）第 090027 号

白族

BAI ZU

主编／ 金开诚 编著／马明玉
项目负责／崔博华 责任编辑／曹恒 于涉
责任校对／王非 装帧设计／曹恒
出版发行/吉林文史出版社 吉林出版集团有限责任公司
地址/长春市人民大街4646号 邮编/130021
电话/0431-86037503 传真/0431-86037589
印刷 / 三河市金兆印刷装订有限公司
版次/2010 年 5 月第 1 版 2022 年 1 月第 3 次印刷
开本/640mm×920mm 1/16
印张/8 字数/30千
书号/ISBN 978-7-5463-2909-3
定价/34.80元

关于《中国文化知识读本》

　　文化是一种社会现象，是人类物质文明和精神文明有机融合的产物；同时又是一种历史现象，是社会的历史沉积。当今世界，随着经济全球化进程的加快，人们也越来越重视本民族的文化。我们只有加强对本民族文化的继承和创新，才能更好地弘扬民族精神，增强民族凝聚力。历史经验告诉我们，任何一个民族要想屹立于世界民族之林，必须具有自尊、自信、自强的民族意识。文化是维系一个民族生存和发展的强大动力。一个民族的存在依赖文化，文化的解体就是一个民族的消亡。

　　随着我国综合国力的日益强大，广大民众对重塑民族自尊心和自豪感的愿望日益迫切。作为民族大家庭中的一员，将源远流长、博大精深的中国文化继承并传播给广大群众，特别是青年一代，是我们出版人义不容辞的责任。

　　《中国文化知识读本》是由吉林出版集团有限责任公司和吉林文史出版社组织国内知名专家学者编写的一套旨在传播中华五千年优秀传统文化，提高全民文化修养的大型知识读本。该书在深入挖掘和整理中华优秀传统文化成果的同时，结合社会发展，注入了时代精神。书中优美生动的文字、简明通俗的语言、图文并茂的形式，把中国文化中的物态文化、制度文化、行为文化、精神文化等知识要点全面展示给读者。点点滴滴的文化知识仿佛繁星，组成了灿烂辉煌的中国文化的天穹。

　　希望本书能为弘扬中华五千年优秀传统文化、增强各民族团结、构建社会主义和谐社会尽一份绵薄之力，也坚信我们的中华民族一定能够早日实现伟大复兴！

目录

一、白族的悠久历史

白族是我国西南边疆一个具有悠久历史和文化的少数民族。据 2000 年第五次全国人口普查统计，白族有人口 1861895 人，主要聚居在云南省西部以洱海为中心的大理白族自治州。少部分散居在丽江、碧江、保山、南华、元江、昆明、安宁等地和贵州毕节、四川凉山、湖南桑植县等地。

白族地区经济繁荣，文化发达，自古以来，就形成了稳定的白族群体。汉、晋时期，白族先民被称为"昆明"。唐代称为"河蛮""松外蛮""白蛮"。元、明时期称为白"人"。由于白族民俗尚白，历史上曾有"白人""白王""白史"之称。新中国成立后，根据白族人民的意愿，正式定名为白族。

白族人勤劳勇敢，过着自给自足的生活

白族

大理古桥

　　白族有自己的语言，属汉藏语系藏缅语族白语支。绝大部分居民操本族语言，大多数白族通晓汉语，并作为与其他民族的交际工具。

　　白族还是一个古老的民族，与古代的羌人有渊源关系。早在公元1世纪（汉代）以前就分布在洱海一带。公元2世纪，汉武帝就在这里设置了郡县，公元3—4世纪，由于战乱，不少汉族人曾避难来到白族地区，部分与其融合。公元715年由云南东部迁到洱海地区的大量各族人民融合于白族。14世纪前后有不少屯军的汉族人在此地，后来也与当地白族人融合。后来部分彝族、阿昌族人先后也有融合到白族中

群山巍峨、风光迷人
的大理

去的。特别是大理国时期，白族便形成了一个大体具有共同语言和文化，经济水平接近，居住地比较固定的古代民族。唐代以后，大理臣服中央政权，受到内地汉民族文化、经济的更

白族

大理风光

多影响，农业、手工业和商业都得到了进一步发展。到了元代，这里已是很繁华的都市。大理风景秀丽、气候宜人，在这片美丽富饶的土地上，勤劳，勇敢的白族人

大理洱海

深山里的村落

民以他们悠久的历史、发达的文化。多姿多彩的风土人情吸引着众多的旅游者。大理白族历史悠久，文化发达。1253年，元朝在云南建立行省，在大理地区设置大理路和鹤庆路。明朝改为大理府、鹤庆府，清代实行改土归流政策，但在边远山区仍委任了一批土官和土司。

关于白族的族源，比较权威的说法是要追溯到云南的石器时代，白族先民称叟、氏、西爨白蛮、白蛮、河蛮、白爨、下方夷、白人、民家等。五代时期，白族首领相继建立了郑氏大长和国、赵氏大天兴国、杨氏大义宁国

赛龙舟

三个短暂的地方政权。公元937年，白族
首领段思平建立大理国，厉行改革，加强
与内地的经济文化交流，促进了云南地区
生产力的进一步发展。元代在云南地区建
立行省，原大理国主段氏和权臣高氏等仍
被重用，被授予封建土司官职。明代仍沿
袭这一制度，清代较大的白族土司都先后

云南大理城门宏伟庄严

被改土归流。元明时期，数十万汉族军民相继迁移到云南屯垦，促进了白族地区封建领主经济向地主经济的转换，同时由于受汉族移民的影响。遍布于中庆（昆明）、威楚（楚雄）、永昌（保山）一带的白族绝大多数逐渐同化于汉族。

白族人民经历了长期的历史发展，创造了自己灿烂的文化，为中华民族的文化宝库增添了光辉色彩。

二、独特的衣食住文化

白族女子服饰

（一）服饰文化—— **舞动的身体**

白族的风俗习惯是在数千年的历史发展过程中形成和沿袭下来的传统文化之一。它反映了白族社会的历史、政治、经济和区别于其他兄弟民族的文化心理。由于居处的自然条件及社会环境的差异，在各自的发展中，白族习俗文化又有自身独特的表现。

白族人民勤劳淳朴，崇尚白色，服饰以白色为尊贵，艳素相称，充分体现了白族在服饰方面的独特风格。

秦汉至南北朝时期，白族先民以滇池为中心的滇人"头饰羽翎"。晋宁石寨山出土的青铜器舞蹈图像中，舞者全戴羽冠，顶插长翎，上身裸露，下身兽皮羽毛带状裙。洱海地区，唐初白族先民之一的西洱蛮，"男女以毡皮为披，女子绕布为裙，衫仍帔毡皮之帐。头髻一盘而成形如鬌。男女皆跣"。

大理国白族服饰，依《大理国张胜温梵画卷》，王室及官员皆衣绫罗绸缎。元代，服色，"略本于汉"，元李京《云南志略》白人条云："男人披毡椎髻，妇人不施粉，酥泽其发。以青纱分编绕首系，裹以攒顶黑饰。耳金环，象牙缠臂。衣绣方幅，以半细毡为上服。"明清以来，白族服饰，一般来说，男子的服装各地大体相同，妇女的服饰则有

精致的绣花鞋展示了白族人高超的绣艺

民俗店陈列的精致手工
艺品

白族

地域差异。由于白族人民长期与汉族及其他少数民族人民亲密相处，文化交融，在服饰上也采用或吸收了其他民族的特点。住在大理等中心地区的白族，常爱穿着汉族的服装；住在彝、纳西、傈僳等民族聚居区的白族，其服饰也多与当地聚居民族的服饰相近。

白族男子服饰

白族男子的服饰，一般是头缠白色或蓝色的包头，身着白色的对襟衣和黑领褂，下穿白色或蓝色长裤，肩挂绣着美丽图案的挂包。碧江四区一带白族（勒墨族）男子在对襟衣外，加穿一件长可过膝的麻布坎肩，下穿宽腿裤，肩挂一把护身长刀和一个花布袋，项间佩挂数串彩色珠子。大理海东的男子，头戴瓜皮帽，足穿白布袜和"云头"红鞋，身穿短大襟上衣，套以鹿皮领褂，外面还加穿几件布质或绸质领褂，谓之"三滴水"，腰系绿丝裤带，挂以鹿皮或绣花兜肚。

至于白族妇女的服饰，大理一带多穿白色上衣，外套或红或蓝丝绒领褂，下着蓝色宽裤，腰系缀有绣花飘带的短围腰，足穿绣花的"百节鞋"；臂环纽丝银镯，指代珐琅银戒指，耳坠银饰，上衣右衽佩

独特的衣食住文化

精美的白族手工刺绣

着银质的"三须""五须";已婚者挽髻,未婚者垂辫于后或盘辫于头,都缠以绣花、印花布或彩色毛巾的包头。衣外腰带为多层厚布缝制成的硬板带,女孩五岁起系围腰,使腰身如蜂形窈窕。外系绣花飘带的双层短围腰,或立或行都婀娜多姿。脚穿船形绣花鞋,表示江海无阻一生顺利。邓川一带的未婚女子则戴小帽或满布银铃的"鼓钉帽"和帽檐高翘的"鱼尾帽"。居住在丽江九河的白族妇女的领褂,多为氆氇,袖、脚镶着花边,披着背有七星图案的轻软羊皮。保山阿石寨白族男子喜用七米长的白、黑、蓝三色长布作包头布,以人字形交

叉于前额为英俊象征；妇女所穿的对襟衣，前襟齐腰。碧江白族妇女服饰，头戴镶有海贝和白色草子的花圈帽，顶佩十数串彩色小珠子，身穿黑色或花色短衣，腰围前后镶着三道海贝和珠子的绣花围腰，赤足。大理海东新婚女子的发饰，梳"凤点头"（凤头、凤背、凤翅、凤尾俱全），身着红绿衣裤，青年妇女也戴"鼓钉帽"。

鹤庆坝区甸北白族姑娘则以头顶罩或蓝或紫或黑的两幅一尺二寸见方的头巾，外沿头缠三丈六尺红头绳，象征一年三百六十天。甸南坝沙南街妇女戴"千熠百皱荷包形黑色大圆帽"，象征头顶日月。松桂，北衙妇女用两丈四尺黑布包成尖尖头，象征一年二十四个节令。

总的说来，白族人民的服饰美观大方，有着明显的民族特色。而白族妇女穿戴的刺绣和精巧的首饰，反映了白族地区手工艺品较高的发展水平。

（二）饮食文化

大理白族地区的日常饮食，随当地物产不同而有所差异。平坝地区的百姓以稻米、小麦为主食，住在山区的则以玉米为主食。平常食用的蔬菜有白菜、青菜、萝卜、茄子、瓜类、豆类及辣椒等。

白族特色服饰

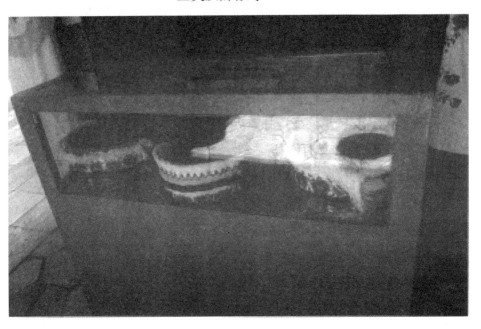

因鲜菜常年不断，白族人民每餐都喜食鲜菜和各种腌菜。白族妇女大都善做腌菜，腌菜的种类很多，除腌制鲜菜外，还做豆瓣酱，豆豉，面酱。剑川、鹤庆的白族常采用洱海的海菜花，加工烹制成各种风味菜。

白族大都喜饮酒，由于所用的原料和酿制方法不同，酒的种类很多。制酒时常用四十多种草药制成酒曲，再制成各种白酒，其中以窖酒和干酒为传统佳酿。

饮茶是白族人的另一嗜好，白族很注重每天清晨和中午喝两次茶。凡客人光临，必以"三道茶"款待。三道茶是最讲究的茶礼，具有一苦，二甜，三回味的特点。

白族人民喜欢吃酸、冷、辣，并且善于制作火腿、弓鱼、螺蛳酱等各种味美可口的菜肴。

白族人民烹饪技术高超，别具风味的食品很多。在白族饮食习俗中，下列几种较具民族特色。

生皮

生皮是白族特有的菜肴。这是将整只猪或羊置于稻草火上烘烤。待烤至半生半熟时，去毛再烤，直至皮肉呈金黄色时为止。吃时将肉切成肉丝或肉片，佐以姜、葱、蒜、炖梅、

身着民族服饰的白族姑娘在制作美食

正在沏茶的白族女子

独特的衣食住文化

雕梅

辣椒等调料，又香又鲜，为款待贵客的民族佳肴。

海水煮海鱼(也叫"活水煮活鱼"或者叫"酸辣鱼")

洱海边的渔民煮鱼时，特别是烹煮当地称为"油鱼"等肥美鱼儿时，一般都不用油煎。他们舀来洱海之水，待锅内水沸时，放入鲜鱼，再搁上浓重的辣椒粉和花椒粉，其味鲜美麻辣，俗称"海水煮海鱼"。

下关砂锅鱼

这是下关的地方特色菜肴。将洱海的肥美鲤鱼，剖腹洗净，抹上少许精盐，腌上十来分钟，与火腿片、嫩鸡块、鲜肉片、猪肝片、冬菇、蛋卷、肉丸、海参、豆腐、玉兰片等各种适量配料，同置砂锅内，再撒入适量的胡椒、精盐、味精等调料，置炭火炉上文火炖煮而成。食时，将砂锅以盘衬垫上席，既热气腾腾，又鲜美可口。

炖梅

大理地区产梅，尤以洱海东岸，绵延百里的半山半坝地区到处是梅树林。梅有苦梅、盐梅两种。用苦梅制作的炖梅，是白族人民喜欢的调味品。炖梅是将苦梅放入沙罐，加上盐和花椒，盖严后，置于火塘正中，周围堆上稻壳，点燃后，用微火连着炖上一至两天。这时，黑色的炖梅味道酸香异常，老百姓常用作吃生皮的调料，或加上红糖做成炖梅汤。炖梅耐贮，能放上一二年而不坏。

雕梅

产于洱源县的雕梅，制作时先用石灰水将盐梅浸泡。取出晾干后，用小刀在梅上雕刻连续曲折的花纹，并小心挤出梅核，使其中空若缕，压扁后其状似一朵朵盛开的菊花。这时，放入酒中浸泡，再用红糖浸渍。几个月后开瓶取出，雕梅色泽金黄，

炖梅

清香四溢，是洱源县出产的上乘果品。

洱源白族姑娘，人人善制雕梅，雕梅的技艺是否高超成了衡量姑娘是否心灵手巧的标志。因为当地婚俗中，姑娘出嫁前，须依俗给婆家送上一盘姑娘制作的雕梅作为见面礼。新婚之夜，新娘要为亲友宾客摆设点心甜席，此谓"摆果酒"，案几上陈列着新娘带来的蜜饯、干果、雕梅，用以款待客人，并让大伙品评。于是，洱源姑娘皆精心雕刻，她们制出的雕梅，不但是上乘的果品，还称得上是一种工艺美术品。

饵块

饵块又称粑粑，是广泛流行于云南的传

粑粑

统小吃。但是，大理饵块别具特色：将蒸熟的米团，放在大理石垫板上，反复搓揉。包入糖和核桃盐、卤腐等，置炭火炉上烘烤。这种现揉现烧的饵块，软香可口。

乳扇

洱源邓川坝，土地肥沃，水草丰美，这里的农家素有饲养乳牛的传统。当地出产的乳扇，为远近驰名的特产。制乳扇时，先将鲜牛奶发酵成酸奶水，再放入锅内加热至60℃—70℃，随即倾入鲜牛奶，并用竹筷轻轻搅动，使奶中的蛋白质和脂肪等渐渐凝结成絮状，再用竹筷摊成薄片，晾在竹架上风干而成。

乳扇

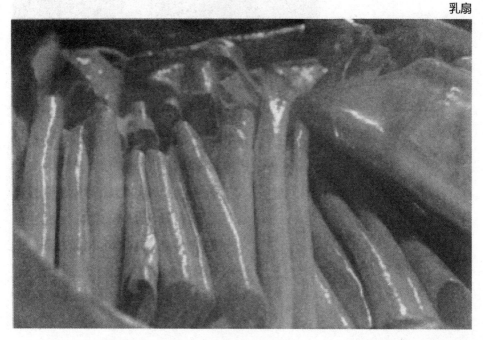

独特的衣食住文化

　　黄中带白、纯洁光亮、薄似纸张的乳扇，富含蛋白质、脂肪等，营养丰富。它可以生吃，也可煎、蒸、烤吃。但最好是用香油煎成淡黄色，取出置凉，又脆又香，尤为可口。乳扇是白族宴客的美味佳肴，是祭祀的必备供品，也是馈赠亲友的佳品。

　　烤茶

　　烤茶是白族的传统茶俗。白族人家的堂屋，

一般都设置了镶以木架的铸铁火盆，上面放有一个铁三角架，来了客人，主人便让客人到堂屋落座，并在火盆生火，放上砂罐准备烤茶待客。待砂罐煨热后，放入茶叶，迅速抖动簸荡煨烤。待茶叶烤至微黄色，飘逸出清幽的茶香时，冲入一勺开水。这时，伴着声响，被冲起来的茶水泡沫也升至罐口，有如绣球花状，立时飘出一股诱人的茶香。这一冲茶之声，又响又脆，因而又称烤茶为"雷响茶"。

待茶泡沫落下砂罐时，便可冲入开水，斟茶献客了。煨烤的茶水，茶色澄黄，浓香扑鼻。烤茶一般冲水三道，边煨烤边品茗：初饮觉得其味微苦，再品则甘香醇厚，最后

烤茶

优雅舒适的民居环境

一道更觉其味甘甜，愈品味道愈美，满齿留香，令人回味不止。此谓"头苦、二甘、三回味"。有的地方在饮第二道茶时，还往茶内放入核桃仁片、红糖、蜂蜜和几粒花椒，别具一番风味。

烤茶的茶具也很别致。烤茶的砂罐粗糙，而茶盅却为小巧玲珑、洁白晶莹的瓷杯。按照"酒满敬客，茶满欺人"的习俗，主人斟茶要少，仅以品啜一二口为宜。当主人双手高举茶盅向客人献第一盅茶时，客人接茶后应将它转敬主人家中的最年长者和座中长辈，彼此谦让一番之后，客人方可品茗。这时，客人一边品啜，还要一边赞赏茶味的甘香，欣赏茶盅的精巧。

因而，白族的烤茶习俗，堪称一门茶道艺术。

　　白族烤茶所用的茶叶，多为下关沱茶。下关向为制茶中心，这里出产的散茶，远销西藏、四川等地。因路途遥远，常遭风雨，损失甚大。后来将散茶压成碗形茶块，不但耐储易运，还不失茶味。茶叶运至地处长江、沧江交汇处的四川泸州时，茶商为广销此茶，

大理茶叶

便宣传道："沧江水，下关茶，香高味醇品质佳。"久而久之，四川人便将下关出品的茶叶称为下关沱茶。这种茶味醇厚，汤色澄黄，香气馥郁，解渴提神，又有消食行气、散烟醒酒之效。下关沱茶从此声名远扬了。

猪肝胙

霜降过后，洱海边的一些农家开始宰猪

了。这时，他们照例要腌制白族传统风味食品——猪肝胙。

猪肝胙的制法大略如下：将新鲜猪肝、猪肚、猪大肠和排骨等洗净，入锅煮成半熟，捞起来晾凉后，把猪肝、猪肠、猪肚切块，将排骨剁成小块。然后，再按10％的比例放入盐巴，12％的比例配辣椒粉，以及150—200克的花椒粉、50—100克的小茴香粉和烈性酒1斤，调匀拌和后，装入陶罐，压紧，封严，置于通风阴凉之处。

经三四个月以后，可开罐食用了。启封时，一股猪肝胙特有的香味便飘逸出来。食用时，用一碗盛上猪肝胙，放入饭甑蒸。蒸

猪肝胙

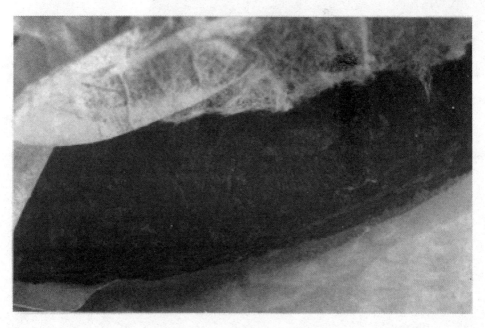

独特的衣食住文化

大理民居内饰传统素雅

大理民居局部景观

后的猪肝胙光洁油亮，香味诱人，吃起来麻辣咸香，鲜嫩可口，是白族农家款待亲友的上好下酒菜。如果食用米线、面条，用它做盖浇菜，其味更佳。

（三）传统建筑—— 散落华夏大地的斑斓色彩

大理风景秀丽、气候宜人，在这片美丽富饶的土地上，勤劳、勇敢的白族人民以他们悠久的历史、发达的文化、多姿多彩的风土人情吸引着众多的旅游者。

白族民居建筑有着独特的风格。他们十分重视门楼建筑和照壁、门窗雕刻及山墙彩画的装饰艺术。门楼装饰，通常采用泥塑、木雕、彩画、石刻、大理石屏、凸花砖和青砖等组成串角飞檐，花枋精巧，斗拱重叠，雄浑稳重，美观大方，体现了白族劳动人民的建筑才华和艺术创造力。

白族居民院落绝大多数坐西向东，由于这里常年刮西风或西南风，风力很大，正房向东主要是考虑背风。居民院落为封闭式院落。由于大理地区是多地震带，又受水灾威胁，所以，白族的居住地多选择地势较高的地方，并就地取材，以方石砌成牢固的基层和柱石，屋架和墙壁为土木结构，梁、柱紧密衔接为一个整体，这样既能防潮也能防震。

位于苍山脚下、洱海之滨的大理喜洲，是白族居民建筑的精粹所在。据史书记载，这里曾是唐代南诏王异牟寻的都城。在那古文化兴盛的年代，白族工匠吸取了丰富的中原建筑艺术并发挥了自己的创造才能，逐渐形成了自己民族的建筑风格。

喜洲的民居建筑均为独立封闭式的住宅，有点像北京的四合院。一座端庄的民居院落主要由院墙、大门、照壁、正房、左右耳房组成。由于过去的人民生活地位

白族居民窗上的精美雕饰

独特的衣食住文化

031

大理建筑

不同，所以房屋的建筑格调和形式也有所区别。一般的建筑形式是："两房一耳""三房一照壁"（是由三座坊和一座照壁合成的四合院。坐东朝西的坊作正房，左右二坊为厢房，东面为照壁。照壁为一面独立的墙体。）少数富户住"四合五天井"，即四方高房，四方耳房，一眼大天井，四眼小天井。此外还有两院相连的"六合同春"；楼上楼下由走廊全部贯通的"走马转阁楼"等等，真是五花八门，犹似迷宫。不过这种古老而又造价昂贵华丽的住宅已不被当地白族人采用了。现在多是一家一户自成院落的二层楼房。但雕刻、彩绘仍不减当年，而且有所发展。

白族民居往往注重门楼、照壁建筑和门窗雕刻以及正墙的彩绘装饰。门楼是整个建筑的精华部分。门楼建筑艺术水平的高低，可以确定其主人的经济地位，建造精细的门楼，也是一种光宗耀祖的标志。它通常是使用泥雕、木雕、大理石屏、石刻、彩绘、凸石砖和青瓷砖等材料组成一座串角飞檐，花坊轻巧，斗拱重叠，玲珑剔透，雄厚稳重的综合性艺术建筑。白族门楼建筑不仅富有民族特色，而且在建筑结构技

白族的传统阁楼建筑

雕刻精美的木质家具

白族民居一角

巧上也独具风格。有的地方整个门楼不用一颗铁钉或其他铁件，而连结却十分牢固，几十年风雨如故，再装上两扇较有厚度的铁黑色木大门，甚是庄重威严。

白族民居的门窗木雕，无处不闪现着剑川木匠高超的手艺。一般均用剔透和浮雕手法，层层刻出带有神话色彩和吉祥幸福的白鹤青松，老鹰菊花，孔雀玉兰以及几何图案。门窗的表面上还涂有褚红色的油漆，显得光滑明亮，古朴典雅。

白族民居的室内清洁，整齐，左右为卧室，当中为客厅，放有镶嵌镶彩花大理石的红木桌椅和画屏。

照壁是白族民居建筑不可缺少的部分，院内有照壁，大门外有照壁，村前也有照壁，可见照壁的作用和重要性。照壁均用泥瓦砖石砌成。正面写有"福星高照""紫气东来""虎卧雄岗"等吉祥词句。照壁前设有大型花坛，花坛造型各异，花木品种繁多，一年四季，花香四溢。

大理白族酷爱花，几乎家家都种药，当地有"三家一眼井，一户几盆花"之说，姑娘的名字大部分都带有花字，如：金花、银花、德花、美花、春花等。

三、多姿多彩的节日盛会

（一）三月街

"三月街"又名"观音市"，是白族盛大的节日和佳期。至今已有千余年的历史。于每年夏历三月十五至二十日在大理城西的点苍山脚下举行。最初它带有宗教活动色彩，后来逐渐变为一个盛大的物资交流会。神话传说，"观音大士"开辟了大理地区，各族人民为了纪念他，每到这个时期，都要远道而来聚会，表演舞蹈和赛马等。后来三月街又逐渐变为一个盛大的物资交流会。明清时期，川、藏及江南各省都有商人到此贸易，以骡马、山药、药材交易为大宗，农民在会期购置耕畜、农具，以备春耕。新中国成立后，三月街已发展成为一年一度的

民间戏台表演引来人们驻足观赏

白族
036

火把节是白族的传统节日

物资交流和民族体育文艺大会。

（二）火把节

　　火把节是白族盛大的节日，是白族人民在秋收前夕预祝五谷丰登、人畜兴旺的活动，剑川一带于每年夏历六月二十四日、大理一带于每年夏历六月二十五日举行。这天晚上，每家门口都竖有火把一柱，村口更有全村公立的大火把，上插红纸，写上"风调雨顺""五谷丰登"等吉利话；村里的男女老少都拿着火把在田间游行一周，捕灭虫害。

　　节日前夕，全村同竖一根高约一二十米的

火把节

大火把。用松树做杆，上捆麦秆、松枝，顶端安一面旗。旗杆用竹竿串联三个纸篾扎成的升斗，意为连升三级。每个升斗四周插着国泰民安、风调雨顺、人寿年丰、五谷丰登、六畜兴旺之类字画的小纸旗；升斗下面挂着火把梨、海棠果、花炮、灯具以及五彩旗。

白族

火把节的中午，人们带上小火把、纸钱、香烛、供品，到祖坟前扫墓、祭奠。小火把点燃后，撒三把松香熏墓，等火把燃到把杆后方能回家。墓地如离家甚远，则在家里祭祀。

太阳落山前，各家提前吃完晚饭，扶老携幼出门观赏火把和跑马。跑马的有大人、有小孩。绕火把跑三圈后，才能向远处驰骋。不跑马的，就挨家挨户欣赏各家门前的火把，看谁家火把精致美观。在全村的大火把点燃之前，年轻的媳妇们打着伞，背上新生婴儿在火把下转三圈，以示祛邪得福。

夜幕降临时，村中老人领头献祭品，向大火把叩头。几个勇敢矫健的小伙子，一个

白族人围着火把舞蹈，庆祝火把节

多姿多彩的节日盛会

接一个地攀上高竖的大火把，将小火把逐人上传，将大火把点燃。霎时，烈焰腾空，鼓乐大作，鞭炮齐鸣，响彻云霄，场面壮观。当火把上悬挂升斗的竹竿被烧断时，人们争相抢夺凌空飞下的升斗。抢到者被视为有福之人，受到大家的祝贺，被簇拥着回家，主人用烟、酒、茶款待簇拥人。下一年度大火把上的升斗即由今年得升斗的人备办。

热闹的火把节

火把节的高潮是耍火把。男女青年各持一个火把。见人就从挎包里抓出一把松香粉往火把上撒。每撒一把，发出耀眼的火光，发出"轰"的一响，火苗燎向对方，叫做"敬上一把"。白族认为火苗指向可燎去身上的晦气，.故竞相燎耍，喜气洋洋。燎耍过后，青年要成群结队，举着小火把到田间地头，向火把撒松香粉，给谷物照穗，其意是消除病虫保丰收。

火把节的尾声还要跳火把。午夜前后，把狂欢时燃烧着的火柴棍堆成一堆堆的篝火。男女青年一个接一个地从篝火来回跨越两三次，祈求火神"禳灾祛邪"。要看谁跨得高、跳得远，直到兴尽为止。

热闹的集市

（三）过年节

大理、剑川、鹤庆、云龙等白族地区的年节就是汉族的春节，但具有本民族的色彩。在节日期间，一般都有狮子、龙灯等舞蹈和演唱大本曲、吹腔腔、滇戏等文娱活动。有些地方还"迎神赛会"，分别迎送"本主"，以求五谷丰登。过去，这个节日从大年初一直到正月十五，农民很少下地干活。

碧江四区一带白族的年节，则是由一村氏族成员共同选择在十三月（这里一年有十三个月，除第十三月和二月，又叫休息月。没有一定日数外，其余各月均以足三十天计算。）下

节日中的白族人

旬的属猪或属蛇日，节日活动内容与内地白族也不尽相同。在除夕日的早上，全村各氏族成员，拿着三十块、十五块或十块不等的糯米粑，同到村寨西边大树下举行祭树仪式，由氏族中选出的长者代表全村成员祷告，祈求大树神灵保佑一村之人健康长寿、五谷丰登、人畜兴旺。祭毕，在友好的祝愿声中互赠祭品，然后各自回家宰杀年猪。所有杀猪人家，每户拿出重约十斤的猪肉一块，放在一起煮熟后按全村人口每人均分一份。不杀年猪的人家，除每人同样分得一份熟肉外，凡杀猪的亲友都以"亲肉"的礼节分送一块

人们欢聚一堂庆祝节日

给他们。饭前，各家祭祀祖先，饭后再次用火烧几个米粑，祭祀家中一切用物，如木柜、铁锅等。节日清晨，各家再用前一日做好的少许米饭、猪肉、猪肝、猪心、猪腰等物，在屋内向东方祭祀祖先和三角架，并念祝词。这里的过年节长达二十天，在此期间，除背水煮饭外，不得舂米、打柴及进行其他生产活动。禁忌习惯认为，这段时期一切神灵都出来活动，人行动会触怒神灵，招来灾祸。

（四）绕三灵

"绕三灵"，大理白族人民盛大的民间
传统朝圣狂欢节日。于每年夏历四月二十三
日至二十五日举行。届时，洱海四周成千上
万白族男女老少盛装打扮，负行李炊具，以
村为队，载歌载舞，先后巡游佛都崇圣寺、
神都圣源寺、仙都金圭寺，至马久邑村散去。
三日内，情歌不断，乐舞不停；夜晚或在林
中篝火露营对歌；或在庙中娱神歌舞达旦。
青年男女日夜迷醉在绵绵情恋及狂欢浪潮之
中。

（五）其他节庆

吹树叶表演

宝石山

（1）耍海会

传说邓赕诏主被焚后，南诏王想要强取柏洁夫人为妻，柏洁夫人不从，于夏历八月二十三日由德源城乘船至蒙舍诏途中投洱海殉夫。为了纪念她，在每年的这一天欢聚大理，举行划船、放生和其他文艺活动。

（2）石宝山歌会

剑川、鹤庆、丽江、洱源、兰坪各县白族人民于每年农历七月底至八月初一或初二，数万男女会聚于石宝山赛歌、拜佛。石宝山为滇西北佛教圣地山林，上有释迦、观音、南诏、大理国王臣及女阴石刻雕像。密林掩映寺庙，风光极为秀美。届时老人拜佛求嗣子孙，青年

白族人在庆祝节日

多姿多彩的节日盛会

人们载歌载舞欢度节日

男女隐秘连情，日夜对歌。

（3）本主会

白族地区普遍崇信护佑本境安宁的英雄本主神。每神皆有寿诞或被祭祀日子。届时，全体村民盛装出动抬扛本主像游村。以歌舞娱神，并杀猪宰羊宴贺，娱乐一天。

除了上面主要民族性的节日外，其他如清明节、端午节、中元节、中秋节、冬至节等节日活动，一般和汉族相差不大。这些都是汉、白两族人民长期友好往来和文化交流的结果。

此外，在白族节庆期间的文娱体育活动，还有射糍粑、荡秋千、赛马、赛龙舟、武术表演等。

四、家庭婚姻禁忌与丧葬

（一）家庭

白族社会只有男子才有继承财产的权利，儿子享有优先继承权。那马和大理、剑川一带的白族居民，乐于招赘上门。一为传宗接代，二为补救缺乏的男劳力。但需事先立字为据，改名换姓；不愿改名换姓的也要立"长子立嗣、次子归宗"的字据。社会上一般不歧视赘婿。无儿无女的也可以抱养同族弟兄的子女或"养子"，但都必须取得家族同意；赘婿和养子要改名换姓，才能取得财产继承权，所生之子就是这一家庭的继承人。

白族的宗族和家庭成员之间的辈分很严。祖父母、父母伯叔间的行辈有严格的次序，平辈的兄弟姐妹之间，也以"长支为大"；凡属哥哥姐姐的子女，不论比弟妹子女的年龄或大或小，都一律叫他们为哥哥或姐姐。

民居门前的白族女子

（二）婚姻

白族的婚姻共有三种形式：一是嫁女儿到男家，这种形式占大多数；二是招姑爷上门，这种情况主要是女方父母没有儿子，所以才招姑爷上门。上门的姑爷必须

白族风土人情村

改换为女方的姓氏，再由女方长辈重新取名；三是卷帐回门的形式，即男女双方结婚后七日，妻子带着丈夫携帐子、被褥回女方家居住。因为女方家虽有兄弟，但年龄太小，父母年迈，只好卷帐回门来赡养老人和照顾年幼的弟妹。等弟弟长大结婚后，男方这才带着妻子回到男方家生活。这三种婚姻形式由来已久，至今沿用。

人们为婚礼做着
准备

白族人的婚礼一般为四天。第一天搭彩棚、迎喜神，晚间贺新郎、新娘。第二天迎亲，唢呐吹奏着"迎宾曲"开道，迎亲队伍到新娘家的门前下马。新娘父母不忍自己的爱女离去，紧闭大门。唢呐声三起三歇，方才开门迎人，招待客人。

夕阳西下，新娘哭泣着被自己的兄长背上花轿。到新郎家后，新郎将新娘拥入洞房。

第三天回门，新娘梳着高高的发髻，这种发型即为"收头"。表示从此"成人"。然后在新郎的陪同下，一起回娘家。

白族传统木门

家庭婚姻禁忌与丧葬

第四天拆彩棚，招待帮办婚礼的人员，名为"酬客"。

在整个结婚仪式中，最热闹的是闹席和闹洞房。闹席在晚上进行，参加者都是平辈或晚辈。在酒席上，闹席者首先推荐一个闹头，闹头用线吊起一块"糖"，让新郎新娘各咬一半，然后问"甜不甜"？其实那根本不是糖，而是包着辣椒晒干的小面团。因为用线吊着来回晃动，新郎新娘半天也吃不着，而且被辣得直流眼泪。

其次是吃"东坡肉"，东坡肉也是用极辣的面做成的，辣得新娘新郎难以入口，而且"肉"是用线穿成一串的，动一个，就是

穿着民族服饰的白族女子

白族

东坡肉

一大串，很难下口。好在有些新娘十分聪明，事先在口袋里准备一把剪子，乘人不备，交给新郎，新郎乘机剪断绳子，并求大家原谅。接着众人就将新娘拥入洞房。

背婚也是云南大理白族自治州洱源县白族地区普遍流行的一种婚俗。每逢十字路口、三岔道或人员集结的地方，陪宾们便停下来，把嫁妆码成两大摞，让新郎背着新娘围着嫁妆绕"8"字。

按白族的习俗，如果丈夫去世，妻子可以终身守节，也可以另嫁，但另嫁时不得带走前夫的家产。在个别地区，还有转房的习俗，兄死后，嫂可以嫁给弟弟，称

剑川白族喜宴

为叔就嫂，但这种现象现在已不多见。

（三）禁忌

白族地区的禁忌很多。下面就让我们具体来看看。

1. 日常生活中的礼仪及禁忌

白族热情好客，先客后主是白族待客的礼节。家中来了客人，以酒、茶相待。著名的三道茶就是白族的待客礼。受到白族人热情的款待，应说声"挪卫你"（谢谢）来表示谢意和感激之情。

尊敬长辈是白族的传统美德。见到老人要

主动打招呼、问候、让路、让座、端茶、递烟。起床后的第一杯早茶要先敬给老人。吃饭时要让老人坐上席，由老人先动筷子。在老人面前不说脏话，不跷二郎腿。一些山区的白族，家庭成员各有比较固定的座位，一般男性长辈坐左上方，女性长辈坐右上方，客人和晚辈坐下方和上方。白族人家的火塘是个神圣的地方，忌讳向火塘内吐口水，禁止从火塘上跨过。白族人家的门槛也忌讳坐人。男人所用的工具，忌妇女从上面跨过。家庭内忌讳戴着孝帕的人进入，认为这样会给家庭带来不洁。

2. 节日与祭祀活动中的礼仪及禁忌

白族人热情好客

家庭婚姻禁忌与丧葬

白族儿童

白族

尊敬老人是白族的传统美德

　　三月街是白族盛大的节日，节日时间为每年农历三月十五日至二十日。除此以外，白族也和汉族一样，每年农历正月初一至初十过春节，农历七月十五日为祭祖节。逢年过节白族有许多礼仪禁忌。元江县的白族每年的三月会或天子庙会期间，禁止杀生。大理的白族大年初一不准动刀、挑水、泼水、扫地。怒江白族大年三十晚饭前祭祖时，忌讳外人在场。大年三十，要把借给别人的东西要回来，否则来年找钱不顺，粮食不丰。因而借了别人家的东

白族青年男女

节日上的白族小女孩

西，必须在大年三十之前还给别人。大年初七为女人节，妇女不做饭，不背水，也不做其他任何劳动，而是尽情地玩耍；大年初九为男人节，男人休息。云龙县的白族，七月十五这一天不准人们到处乱走。

3．婚丧、生育中的礼仪及禁忌

白族女子

　　白族妇女怀孕后，以系合页双层围裙，并将头页对折别在腰间作为有喜的标志。外人见了，要懂得注意重点保护。倘若误伤了孕妇，要担保到产后母子平安为止。有些地方的白族，怀孕妇女不能进入新郎、新娘的洞房。婴儿落地后，谁第一个跨进产妇家的门，谁就是踩生。白族认为，谁来踩生，将来孩子的脾气就像谁。白族最忌讳戴孝的人来踩生，所以婴儿降生后，家人要立刻用白石灰在门口撒三道弧线，并在门槛上缠一道青篾子。若是生男孩，还要在青篾子下加一只草鞋，有的还在大

集市上的白族母子

门上钉一个甑笆底，以示禁忌。不慎闯入产妇家者，必须送一碗新鲜稠米汤、一些红糖、鸡蛋、甜白酒和一土锅猪蹄子炖韭菜根给产妇吃。产后第三天早上，产妇家要请"粥米客"或称"稀饭客"。到白族人家做"粥米客"，要用竹篮提着鸡蛋、红糖、小孩的衣帽等前往恭贺。大理、剑川一带的白族，妇女产后，主人要请

白族妇女在编织

第一个进家的客人吃荷包鸡蛋汤圆，客人
不能拒绝，否则主人会生气。

　　随着生产的发展、科学知识的传播和
人民思想觉悟的不断提高，许多禁忌已逐
步被人们在生产过程中自觉地革除了。

（四）丧葬

　　春秋战国时代，白族先民的"滇僰"
墓葬形式，有竖穴土坑墓葬、瓮棺葬、圆
坑墓葬多种。祥云大波那已有"干栏"式
重型铜棺；弥渡苴力已有大量石板墓。住

白族女子

在碧江的白族，死后不用棺，把死者放在一块木板上，覆以屋上的茅草，上盖土，垒成坟状；再在距死者头部两三尺的地方竖一个八九尺高的双杆栗木坊，除挂土锅和盛有祭物的两个麻布袋外，还悬挂死者生前用物，如男的挂弩箭，女的悬织布架等，以示悼念。死后一年内，以石片、石块垒墓。墓头留一孔供死者灵魂出入。那马白族约在明代前实行火葬，以火焚尸，取骨入罐，再埋于家族公墓地。明代以后，受汉族的风俗影响，渐改为土葬，即棺葬。

白族民居

独具特色的白族民居

大理崇圣寺三塔在蓝天碧水映衬
下显得十分纯净

具有民族特色的白族
民居建筑

白族

白族村落街道

大理、剑川的丧葬也有变化过程。明代以前因受佛教的影响，盛行火葬，以后则改为棺葬。男子死后一般即行装殓，女子死后则必须等候娘家人亲临。装棺后一般有"三不留"的说法。停枢在堂三天左右即行择地安葬；有的为了择吉，也有停枢十天半月的。停枢期间，一般请道士念经，"超度"亡人。但少数富家停枢在堂往往是一月两月，并大摆筵席。出殡时伞盖瞩望，车水马龙，极尽奢侈。

美丽的大理风光

　　大理海东地区，人死后由族长主丧，族长根据死者家庭的社会地位和经济状况决定丧事规模的大小。出殡前一般有出帛、诵读韵律严整的白语家祭文等仪式，有的还要"祭方向"，为死者开道。墓葬的形式很多，一般名为"一层轿"或"两道花门"，穷苦人只堆土为坟；而富家则竖"三碑四柱"及"城门洞"式的墓道，并立有石人、石马、石狮等。

白族

五、精湛的艺术文化

大理地区古塔极多

与白族善于学习先进民族文化密切相关的是，它也善于融会先进民族的艺术精神，并且同时造就了自己民族的各类人才，创造了迥异于滇省各兄弟民族的璀璨精湛的诸多艺术品类。

（一）碑刻

在白族的历史中，无论是汉文碑或是白文碑，历朝历代不断。清代碑刻，尤以墓碑为盛。这丰富了碑刻对研究白族和云南的历史文化有重要的价值。

汉晋时反映"滇"先民首领事迹的有"宝子碑"。

（二）宝塔

大理地区古塔极多。据地方志书及专家调查，共有百余座之多。至今存于地面的约有40多座。各塔就性质而言分两类：一类是作为佛的坟墓——安放舍利用的佛塔，如崇圣寺三塔等；另一类是依道教或堪舆家的观念形成建造的各类风水塔，如文笔塔、镇蝗塔等。

唐代南诏国时有大理千寻塔、大理罗荃塔、下关佛图塔等。

宋代大理国时有大理弘圣寺南塔，祥

云县目塔，洱海县旧州东塔等。

元代有祥云县九鼎山南、北塔、剑川墨斗山塔等。

明代有魏山县魏山北塔、等觉寺双塔等，鹤庆母猪龙塔，大理镇龙塔，弥渡县文笔塔，洱海县巡检塔等。

清代有剑川灵宝塔、金华山塔，洱海县制风塔、留佛塔、镇水塔，大理古佛洞塔、北山塔。

民国时期有宾川县楞严塔、剑川县羊岭塔、洱海县石明月塔，祥云县金旦塔。

以上各塔，依建筑材料而言，有砖、石两种。转塔居多，多系佛教建筑。石塔明初才出现，数量较少，而且多为风水塔。依建筑艺术

崇圣寺三塔已经成为大理的标志性建筑

精湛的艺术文化

**云南塔文化是佛教文
化的产物**

之雄伟、高超而言，当推崇圣寺最为经典，
主塔即千寻塔通高 69.13 米，凡 16 级，为典
型的密檐式空心四方形转塔。由第二层起，
佛龛和窗洞交替向上，墙后随塔身增高而收
缩。塔心部分，四壁基本垂直。塔顶上置塔刹。
塔顶四角有固定"金翅鸟"的两根爪形铁柱，
其外包铜皮。

上百座塔建筑说明了白族千余年来，既
信仰佛教文化，也崇拜本土文化。两种文化

白族

正处于交汇融合之中，至今互相不可取代，而是各扬其长，各显其美。

（三）美术

白族美术历史悠久，种类繁多，诸如绘画、雕塑、木刻、剪纸、编织、刺绣之中皆表现出了高超的艺术水准和工艺水平。

（1）绘画

唐南诏时代，《南诏图传》，又名《南诏中兴国史画卷》，长约5.73米，宽约0.3米，为南诏国张顺和王奉宗于中兴二年（899年）组织绘制而成。今藏日本京都友邻馆。图传分画卷和文字卷两个部分。其主旨是宣扬细奴罗得国，为天意、佛意、神意，形象地反映了南诏的各方面的社会风貌，是云南9世

云南佛塔中最有代表性的为具有佛教风格的汉式塔

不同的古塔体现了不同的
民俗文化

纪的艺术珍品，更是研究南诏文化、白族文史的珍贵文物。

宋大理国时的《宋时大理国描工张胜温梵画像》，简称《大理国梵画卷》，画长33米，人物画像637个，画系素笺本，彩色描金，是专为大理国利贞皇帝段智兴画的。画成于1180年（段智兴盛德五年），现藏台湾。画卷中既画密教菩萨、白族"本主"，又画禅宗列祖，还有高僧异人。画卷无论在构图、素描、造型、用纸、着色等方面，处处体现了中原的风格、敦煌的笔法、印度梵画的影响。该画被认为是中国西南边疆的艺术珍品，也是世界佛教图像画中的瑰宝。

元代，大理凤仪遍知寺的壁画，被元时郭松年评为当代杰作，云："其殿像壁绘，于今罕见。"

明代，剑川沙溪任登街《兴教寺壁画》，绘有《太子游园苑图》《降魔释迦图》《西方阿弥陀佛》等图。佛像构图别致，神态各异。取传统散点透视法，大胆用笔施墨，衣如出水，带若当风，为明代绘画艺术珍品。壁画的作者之一是画家张宝。明末书画家赵琏，也颇有名气。

清代白族书画家人才济济。大理县书画家有张以仁、袁惟寅、张昂、马国庆、师范；邓川县画家有胡绍缓；剑川县画家有李琏、谷际岐、张再瑾、张宇、陈学鸿、陈新化、欧阳现、罗纬、萧品清、董澄等人。其中萧品清的水墨梅兰，董澄的神佛道貌，马国庆的水墨山水，张再瑾的花鸟人物，陈新化的核桃篆刻，都很有名气。

新中国的当代画家，如杨德举的山水花鸟画，陈荣发的图案临摹画，都在北京民族文化宫举办过画展。女画家高锡映擅长中国画，杨郁生擅长版画。

（2）石雕

石雕以剑川石宝山窟和"大理古幢"为代表。剑川石宝山窟，又名石钟山石窟。已发现十六窟，分布在石钟寺、狮子关和沙登村三处。系南诏、大理国，经数百年不断开凿而成。内有南诏王者造像、佛教释迦、观音、天王等造像以及波斯人造像、白族女性崇拜的女性生殖器神造像。在手法上，除常用圆雕外，还采用高、浅浮雕手法；在形象性格刻画上，南诏王者气度庄严，衣冠楚楚；菩萨身段秀美，面目慈善；天王力士面目凶猛，形神威严。

云南剑川石窟一角

云南剑川石窟佛像

诸像既有中原风格，又有白族化的地方色彩。宋代大理国时，有"大理古幢"，又名"地藏寺古幢"或"昆明古幢"。通高 8.3 米，分七层八角形。石座束腰为盘龙，各层石柱皆有大小神佛二百余尊，大的高达一米多，小的仅三厘米。比例匀称，造型优美。手法有浮雕、高浮雕、半立体雕多种，其精美震惊中外，被誉为"滇中艺术极品"。明清以来，石雕艺术一直为民间所传承，广泛适用于装饰、器具。剑川木匠将大理石配制仿古木制家具，备受国内外喜欢。

（3）泥塑

白族地区庙宇遍布，泥塑神佛的确已成

为信仙敬佛的手工艺术。各地皆有专业泥塑艺人。剑川马登乡刘家师徒为当代泥塑巧匠，进入 20 世纪 80 年代，年年月月被剑川、大理、昆明等各地的寺庙重金特邀塑像。近年在剑川宝相寺崖间塑成《唐僧师徒西天取经·悟空怒打红孩儿群塑》及《白族药王·采药》一堂，别具白族人民的崇尚和信仰，人物栩栩如生，一派仙风佛采。

大理剑川木雕

（4）木刻

白族木雕主要运用于宫廷庙宇、民居建筑的装饰上，如用于格子门、横板、板裙、耍头、吊柱、栏杆等部位。昆明三牌坊、钱南园祠堂、宾川鸡足山等寺庙皆留下剑川木匠的技艺。堂屋的六扇格子门是民居建筑中雕刻艺术最集中的部位。清康熙四十五年雕刻的圣源寺正殿十八扇隔扇门裙板上刻绘的《白国因由》故事为清代木刻精品。当代，盖新房的居家中堂格子门都普遍采用雕花格子门。

（四）音乐

关于白族音乐的文献记载极少，但

白族歌舞

民间蕴藏的曲调、歌舞乐极为丰富。秦汉以前，白族音乐的旋律结构一般较为粗犷、简单。唐代南诏、大理国时期是白族音乐发展的一个重要时期。当时四乐句音乐旋律大量流传并延续至今。剑川古歌《三尾鱼秋调》是其代表。《唐五代会要》中记录的白族《竹枝词》诗三韵的音乐旋律即是四乐句的曲式结构。作为南诏国音乐高峰的，应数学习并吸收了异地音乐素材而创作的《南诏奉圣乐》，也叫《南诏奉圣乐舞》。唐德宗贞元十六年，南诏王异牟寻派赴长安演出的《南诏奉圣乐》，也叫《南诏奉圣乐舞》，是南诏著名大型歌舞节目总称。其歌舞不分家，极具宫廷艺术特色。乐设龟兹、大鼓、胡部、军乐四部，乐工二百一十二人，各种乐器近百件。大鼓部以

四为列在龟兹部前演出。龟兹部"属舞筵四隅，以合节鼓"。胡部属舞筵三隅，"以导歌咏"。军乐部"节拜合乐"，其音乐热烈抒情，出舞场伎六十四人，着南诏民族盛装。循字跳舞，依次依身摆出"南诏奉圣乐"五个字形。每舞一歌，每歌皆一章三叠而成。除群舞外，多次独舞，独舞"亿万寿"舞时唱"天南滇越俗歌"四章。乐舞内容丰富，意境深远。乐奏、歌唱、舞蹈及总体结构、场景调度、舞美服饰浑然一体。唐德宗亲于麟德殿观看。南诏乐自此由西南边疆传入唐朝宫廷，列于十部乐，在宴会立奏，在宫中坐奏。在大理、剑川、洱源、鹤庆地区的佛、道教较为发达

年轻男子在弹奏乐器

的城镇和乡村，还广泛流行少则十余人，多则五十余人演奏的"洞经音乐"（在鹤庆则称"读经音乐"）。源于白族民间音乐，又融进《大洞仙经》等经腔和曲牌，杂以南诏宫廷音乐互相衍化而成，其乐器分打击乐、管弦乐两种。现保存曲目《将军令》、《水龙吟》等二十多个。白族乐器品种较多。晋宁石寨山汉墓中，在一个铜鼓形贮贝器上铸有两人抬一铜鼓，一人双手戴大圆环，手舞足蹈；另外二人正边打鼓边唱歌。说明白族先民汉代就已把铜鼓作为乐器。另出土的"滇王编钟"有六件组成。最大一件通高 40.3 厘米，最小一件通高 29 厘米。钟身两面铸有蜿蜒龙形各四条，左右对称。至今流传常用的弦鸣乐器有三弦、胡琴；膜鸣乐器有两端蒙皮、直径尺许的小鼓，单面蒙皮的小八角鼓（又称"金钱鼓"）；气鸣乐器有木叶、芦管、唢呐、笛子、箫；体鸣乐器有锣、钹等。器乐有单吹单打、双吹双打及鼓吹乐等。单吹单打，其编制是鼓、锣、钹、唢呐各一的合奏形式。音乐轻盈活泼，明快热情。双吹双打，其乐队编制为鼓、小锣、大锣、大钹各一，唢呐两支。因锣、唢呐各一成双，故名。

音乐情绪欢快，气氛热烈。常用于婚丧、上梁、立墓、祝寿及戏剧、节庆歌舞伴奏。白族音乐人才辈出。《南诏奉圣乐》中肯定有白蛮乐官从事音乐创作，只因文献不载而已。明代高北峰和清代王兆兴是著名琴师。浪穹（今洱源）人何星文著有《何氏琴谱》一卷。白族当代作曲家有禾雨、张汉举、张绍奎、董锦汉，歌唱家有杨洪英、段顺媛、高明等。还有唢呐演奏家杨学仲。

（五）舞蹈

白族舞蹈，山区较坝区丰富。

秦汉至南北朝，白族先民之一的"滇僰已将歌、舞、乐三者融为一体。晋宁石寨山

白族舞蹈

白族有丰富多彩的舞蹈
种类

出土的青铜器之纹饰中有铜鼓舞、芦笙舞、雨舞、鹭舞、盘舞、盾牌舞等等。下面大致介绍至今流传在山区的各种原始舞蹈种类。

1. 鸟兽类舞蹈

无歌相伴的纯舞蹈，在怒江勒墨白族青年妇女中流行。人数不等，以步伐为节奏，以双手和身段的变化模仿鸟兽牲畜动作及人们采集、劳动行为。1984年的表演达十二种之多。洱源西山对纯舞蹈有个专有名词叫"力格高"，老少皆喜，尤为少男少女热爱。表现内容与勒墨白族农事生产内容相同。舞蹈动作达十六种。为一步插、二步插、互插、互旋转、四梅花、四相迎、五子登科、狮子纺麻、鸡反毛、老鹰展翅、前后跳、单双脚跳、快纵、搓衣洗线、羊羔吃奶、马踢脚等。流行在凤羽坝的"百鸟朝凤"和大理一带的"百鸟争鸣"舞蹈最具特色。

2. "踏歌舞"

洱源西山区的"踏歌"舞，动作极为简单，只有步伐进退与时有的沉腰弯膝动作。而鹤庆西山《创世纪》"踏歌"，人数可达上百。动作较为丰富，有集体的牵

白族女子在对歌

手、甩手、搭肩、前起腿、三步并等；队形也有
单队、双队、交叉，绕圈且有正反绕。还有笛子、
树叶、三弦、唢呐伴奏。场面宏大，使人可达狂
歌凤舞的程度。

3. 巫舞

亦称"跳神舞"。流行于大理、剑川、鹤庆
及怒江、兰坪等地区山区。由巫师驱邪治病时表
演。有迎神、装神、娱神、送神等程序。道具不
同，舞法各异。或击鼓或执巾，做出摇、扑、拍、
打动作，手势有翻腕、绕扇、抛扇等。成型成套
的有美女梳妆、逛花园、串四门、风摆柳等。建
国后作为戏剧舞蹈之一，有改进变化。

4. 踩牛舞

白语意译叫"耍牛"。表演者两人合耍一牛，
还有牵牛、犁田、平田、坐杆、送晌午多人。各

人模拟犁耕动作使之升华为舞蹈动作。各种人物之间有对白插科打诨。时有唢呐伴奏，把歌、舞、白、唱融为一体，已具戏剧雏形。白族先民早在汉代已具"二牛三夫"农耕技术，当产生"耍牛舞"。

南诏、大理国白族先民开始大量吸收汉文化，中原汉人舞蹈品种输入白族地区者不少，唐宋以来大致有：

耍马舞

由一男一女腰部分别系勒篾扎纸糊道具马。表演动作有大、中、小踏步，快步，马嘶，马惊等。

耍狮、耍龙舞

弹奏乐器的白族男子

白族

与汉族舞狮、舞龙相同。

表演舞蹈的白族女子

耍麒麟舞

麒麟头篾扎纸糊彩画而成。由男子二人披麟皮合作耍舞，动作基本与狮舞动作相仿。

耍鹤舞

白鹤用细竹篾条扎成伸缩骨架，外裱糊白棉纸羽毛状而成道具，每逢节庆，配合其他歌舞表演。一人饰老寿星，其左手执仙帚，右手持挂葫芦之拐杖作前引，另一人钻入鹤道具内操鹤而舞。

鱼樵耕读舞

配合其他歌舞同场演出。四人分别扮演渔民、樵夫、农人、学者形象，依据各类职业特征动作自由发挥表演。表现了白族封建社会中理想家庭的社会分工。

霸王鞭舞

霸王鞭竹竿长 1.2 米，数处掏空钉入铜钱，竿身绕以彩条。由数十至上百名女性持鞭表演。用鞭两端交错碰击掌、肘、肩、头、髋、腿、踝等关节。节奏铿锵，强弱分明。舞蹈动作有三十六种之多，如有"打四角""五梅花"等。剑川石龙寨、乔后三颗石霸王鞭舞蹈另有特色，一人三弦伴奏，一人耍动霸王鞭，一人主唱叙事诗或即兴编唱与人们生活有关的歌词。

鹿鹤同春舞

三个人表演，分别饰白鹤、马鹿、弥勒佛，

翩翩起舞的白族女子

白族

088

白族男女在广场上舞
蹈

各有道具和独特动作。可用竹笛或叶笛伴奏。
先由鹿、鹤相戏双舞，导出头戴慈颜憨笑大面
具、衣着宽大、举步蹒跚的弥勒佛登场。在弥
勒佛烧香、念经的同时，鹿鹤的逗闹，搅得他
不安宁，但其反应酣畅柔和，引人发笑，三者
合舞动静结合，穿插自如。此舞抒发了白族人
民对和平幸福生活的向往。

　　八角鼓舞

　　主要流传于大理、洱源一带。鼓为八角形
单面绷鼓。鼓边起槽并嵌入铜钱数枚，摇动的
时候则"款款"有声。由男性数十至上百人表
演。边拍、边舞、边唱，动作粗犷，节奏变化
无穷。有时配合女性霸王鞭舞同场对舞，成为

白族民居

规模宏大的男女集体舞蹈。

兵器舞

流传在洱源县白族聚居区，多在春节或本主会期演出。可归纳为舞蹈性、戏剧性、祭祀性、武术性兵器舞。前三种为木制道具，第四种为真兵器。历史上使用兵器品种繁多，今日只传春秋刀舞、单棍舞、双刀舞、长矛舞、双头棍舞、猴刀舞六种。舞时以唢呐锣鼓伴奏。春秋刀舞稳健有力，刚柔相济；棍舞吞吐自如，敏捷轻灵；双刀舞洒脱无羁，轻松明快。表演者十分重视身、眼、手、脚的配合，或攻守、或砍刺、或挑劈、或扫划，随机应变，变幻无穷。兵器舞可能源自汉、唐，衰于清代，现在只作身体锻炼及文艺表演使用。

六、灿烂的科学文化

白族在千百年形成和发展的历史长河中，也不断积累和创造了灿烂的科学文化。

（一）农事水利、历法气象

1. 农事水利

商周时代，洱海、剑湖周边的白族远古先民已属定居的农业民族，擅长种植水稻、驯养家畜，并从事采集、渔业等。大理苍山居民已沿山开挖梯田，普遍纺织，能制造夹沙土陶器。双孔半月形或长方形石刀是收割谷物的工具。汉代，大理大展屯东汉墓中出土的陶质水田模型，呈圆盘状，其半部为水田，半部为蓄水塘坝，说明东汉时已有农田水利设施。至迟到东汉"滇池出铁"，"不韦出铁"，有"铁官令"专业

大理水田

大理白族民居

管理铁器生产。至迟到东汉，滇僰已掌握了农耕技术。唐代"二牛三夫""二牛抬杆"的牛耕技术已载入唐代《蛮书》和《南诏中兴二年画卷》。种植的农作物种类较多，已有稻、麻、豆、大麦、小麦等。不少山坡已开垦为"殊为精好的山田"。普遍引用山泉水灌溉，在大理坝子修筑"横渠道"，使大理城东南郊田园得到灌溉后流入洱海，称为"锦浪江"。至元明清时，出现了"地龙"水利工程，即将蓄水的鱼鳞坑相互连接起来以备干旱时灌溉。李元阳《云南通志》记载，大理府就有穿城三渠、御患堤、水缺、麻黄涧、城北渠堤等32座水利工程。同时农民还使用筒车提水、水车车水技术。

2. 历法气象

"一年十三月"农历。"古代夏人，以十三月为正"。远古白族先民也实行"一年十三月，一月三十日"的古月历法。至今勒墨白人依然实行此历。也有大月、小月及置闰法。二月不固定，以三月桃花开定为闰月。过年之后，桃花不开，认为有二月；三月桃花开了，三月就是闰月，白族意思为"多余的月"。这

大理风光

年就有十三月，即有三十二个"陋奔"，该年有 384 天。正月过后，桃花开了一个月，正是二月，也不算有二月，只能定为三月，那年就无二月，该年定为只有十二个月。有 29 个"陋奔"又半，平年只有 354 天。闰年才有十三个月，平年只有十二个月。二月是虚，闰年才有二月。远古先民视天上月初有无月钩，有月钩定"初三"。初一过了是初二，如果初二，天上月亮出现月钩，这一天不是初二，是初三。无初二是小月。初二过了，初三才见月钩，那这月便是大月。月大才有 30 日，月小只有 29 天。因此，初二是虚日，

走在乡间小路上的白族姑娘

大月才有初二，小月无初二日。

勒墨白人计月，将固定名词月称与使用数目称谓混合使用。一月叫"闲月"；二月叫"起麻起花"（意思为"织麻绣花"月）；十二月叫"牙特旺"（就是腊月之意）；其余与大理白人的数学称谓相同，偶有语音差别而已。

天象知识方面，大理国时期，从中原输入专讲历法的《集圣历》等书。元时已设有测景所，用以观察天象气候。古代的白族先民掌握一定程度的气象知识，唐南诏时，洱海船户一见玉局峰顶有云聚升，预知海中必有风暴，需要立即停航。渔户以海水辨别风力大小和风向。鹤庆农民用土炮驱散冰雹，已具有一定程度战胜和防止气象灾害事故的能力。近代赵州人李彪《太阳行度迟速限损益捷分表》是有价值的天文著作。至今，无论山区、坝区，适应当地的气象知识家喻户晓。白语民歌《四季调》《十二月歌》等皆分别归纳总结叙述了逐季、逐月、逐节气的农事生产知识。天象农事谚语、谜语成为民间文学作品并广为流传。

（二）青铜铸造

相当于商代，云南原始社会开始解体，正要跨入阶级社会的大门。作为这一社会进步的文化象征，便是白族的远古先民已开始了青铜器的制造，出现了冶铸工场。剑川海

大山怀抱中的白族村寨

灿烂的科学文化

云南大理剑川海门口文化遗址

门口文化遗址出土了 14 件铜器。史学界公认"滇西一带是云南古代制造青铜器较早的地区。"

秦汉之际,白族先民之一的"滇僰"已使用丰富多姿的青铜器。生产工具有斧、锄、凿、镰、锯等;武器有剑、钺、镞、啄、护腕、矛、狼牙棒等;生活用具有釜、壶、尊、杯、勺、匕、针等;乐器有铜鼓、葫芦笙、编钟、锣等;器物有铜棺、枕头、俑、镜、熏炉等及原始宗教器具,其中作为乐器和宗教祭器的铜鼓出土 31 面。祥云、楚雄鼓共出土 6 面,是云南最早的铜鼓。鼓的共同艺术构形是鼓面甚小,铜部显著突出,足部展开,边有折棱;素面居多,少数其面部有星形光芒,鼓

云南铜鼓

身及鼓内有简单的几何花纹，不分晕。晋宁、江川鼓已大有发展，面部中心有星形光芒，铜部主晕饰船及羽人。腰部从垂直的花纹带划分成若干方格，内饰羽人徒手舞或盾牌舞、磨秋、牛、鸟等图像，或空无花纹。除了主晕外，从面部到鼓身有一道道几何花纹组成的细晕，有三角齿纹、同心圆纹、切线圆圈

在大理境内随处可见的佛塔

白族

纹等。青铜器中有关于奴隶、猎首和人祭的场面，把滇国的社会、历史、生产和习俗皆用青铜器方式艺术地铸造出来，其工艺之高超可以想见。

大理国青铜佛像

南诏、大理国时期，冶炼、锻造技术已经达到较高水平。著名的浪剑、郁刀产生于大理境内的洱源、剑川一带。樊绰《蛮书》记载："南诏剑……造剑法，锻生铁，取进汁，如是数次，烹炼之。剑成即以犀装头，饰以金碧。浪人诏能铸剑，尤精利，诸部落悉不如。"崇胜寺前楼铜钟高丈余，作上下两层，每层六面，各铸波罗蜜及天王像，每像各标一名，正书像与字皆阳文。将10万斤铜铸为一体，实为罕见。另《云南通志》称寺有观音像，高二丈四尺，唐蒙氏时董善明铸。其铸造技艺，令人叫绝。

明清时代在大理地区设局鼓铸铜币。清大理府的铸钱炉已从原来的5座发展成为15座，直接接受皇朝的铸币任务，并铸上"满文"通行全国。约清光绪年间，仅大理县打制金银首饰的就有"天宝"等16家店号，产品多达50多种，畅销省内外。

大理民居建筑

（三）建筑艺术

　　白族以建筑艺术闻名全滇，除民居外，兹就宫殿、寺塔、桥梁的建筑成就略为介绍。

　　南诏时期，已兴建了许多城池、宫殿、寺塔、楼阁。《云南通志》记载：云南城，"天宝中阁罗凤所规置也，尝为信州地。城池郭邑皆如汉制。州中南北三十余里，东西四五十里。"同书记载的有属大理境内的古

五华楼

城有蒙舍城、大厘城、太和城、龙口城、邓
川州城、白崖城、蛮子城、龙尾城、舍利水
城等。历史上筑城规模最大的是阳苴咩城、
云南县城、赵州城、邓川州城、宾川州城、
鹤庆州城、剑川州城及蒙化厅城。

至明代，大理府城建置于阳苴咩城附近。
表现楼房建筑水平较高的位于阳苴咩城内的
"五华楼"。

建筑的水平还集中表现在寺庙、佛塔和
桥梁等大型建筑上，感通寺、无为寺、崇圣
寺规模较大。建筑成就最高者为崇圣寺和三
塔。

在云南大理，造桥极为普遍，舟渡、木桥、

大理石桥

石桥以至铁索吊桥，比比皆是。唐代，西洱河上就有架桥，元代已是"架木为梁"的木桥；到了明代，"跨石梁与中"取名清风桥，"明正统间知府贾铨指挥郑俊同建，分水五道，翼以阑墙，郡治桥梁为第一"。此石桥于清光绪二年冬天洪水暴涨冲垮，后由"提督杨玉科，知府毛庆麟捐资重修"。为五孔石砌拱桥。元代元贞年，在大理白族自治州永平县与保山地区交界处的兰津古渡——后为篾藤桥，改建为木桥，名为"霁虹桥"。又于明成化十一年改建为铁索桥。桥西为绝壁，东岸是险峰，桥架于两岸峭壁之间，采十八根铁链作为承重索，净跨 60 米，宽 3.8 米，上覆交错的木板，设两根铁链作为两侧扶手。铁索固定在两岸各长 23 米的桥台上。桥总长为 106 米。桥上还建有桥楼四座，桥亭两座。桥与阁楼融为一体。清道光《云南通志》载大理府共有桥 245 座，用料多为木、石，造型多为梁、拱二类。还有少量铁索桥。近百年来，建桥技术更为发达。李玉树在洱源修建的六孔桥，桥高出水面一丈多，桥长六丈。桥两端数步各修两孔桥以分湖水，既分洪减灾，又减少桥身对流水的阻力，因此，延长了桥梁的寿命。

七、多神灵的宗教信仰

葫芦

白族盛行原始图腾崇拜；本主信仰尤为独特；历史上佛教文化又高度发展，由此形成多神灵的宗教信仰。

（一）图腾崇拜

从零星的汉文献记载、文物考古以及近几年所搜集到的文化资料来看，白族曾经历了长时期原始图腾崇拜，并创造了相应的图腾文化。

1.巨石图腾。白族居处我国横断山脉西南峡谷区，峰峦环抱盆地，怪石奇崖嶙峋。先民习于依山建寨，一遇暴雨，山石常有崩塌，造成林毁人亡。这使人们产生对巨石怪岩的恐惧心理，以为巨石也有灵魂，所以产生巨石图腾。晋代《郡国志》载有僰人"乞子石"的传说。白族腹地大理市太和村遗址有巨石，名为"石母"，又名"女儿石"，言拜石能生儿育女。

2.葫芦图腾。怒江勒墨白人、鹤庆、洱源山区的创世神话与长诗中，详细记载了人神与葫芦的密切关系。大理"绕三灵"狂欢节日中，每队领头的歌手二人合举欢舞的柳树枝上必拴挂一葫芦，俗云多子多福。

3.虎图腾。唐代的乌蛮、白蛮皆崇拜

虎，但是在色泽崇尚方面，各有异趣，彝族尚黑，白族尚白。彝族崇尚黑虎，白族崇尚白虎。保持白虎图腾最突出的是怒江勒墨白族支系、原碧江县四区托托村虎氏族人家。其中"腊修"即"虎家"的子孙迄至1956年时已历十七代。虎家世代相传不食虎肉。出门或归家，选虎日才认为吉利。剑川白族民间有《段育变虎》的故事，认为所变之虎专门保护白族行商之说。在六十多种白族的别称中有二十二种为"虎人"的意思。

4.鸡图腾。对白族的六十多种称谓中，有十一种自称、他称有"鸡家"或"鸡人"的意思。村邑名以鸡命名的也不少。如大理

白虎

龙图腾

有上鸡邑、下鸡邑；剑川马登坝有"盖特米"（鸡人祖先根据地）；兰坪县有"盖特邑"（鸡邑）。以鸡取乳名的更多，勒墨白族鸡氏族家，女孩叫"金花鸡"，大男孩叫"金花骨"，小男孩叫"骨金花"。鸡在日常生活、宗教活动、红白喜事以及起房盖屋等三十多项活动中派有重要用场。白族服饰"鸡冠帽"或"凤头鞋"皆是鸡崇尚的文化体现。

5.鱼螺图腾。《南诏图传》画卷中绘有洱海神图，上方题记为"西洱河者，西河如耳，即大海之耳也。河神有金螺金鱼也。金鱼白头，额上有轮"。喜洲镇海蛇岛上"河矣城"村本主庙有一神仙塑像，其双手托盘中有海螺和金鱼模型，有匾云"玉螺现彩""金鱼现身"为证。白族妇女服饰"鱼尾帽""船形鞋"皆表达了对鱼螺的图腾崇尚。

6.日月图腾。日生月落在白族原始先民的心目中是神秘莫测的。因此对日月自然产生崇拜。楚雄万家坝大墓中出土早期铜鼓五件，鼓面有简单的太阳纹，滇池地区出土的铜鼓上更有明显的太阳纹，而保存至今的大理阁洞傍村的太阳神被尊为本主，更加说明先民对太阳的崇拜。白族人

民认为自己是白月亮的子孙、供奉月亮神，以月亮为题的民歌、儿歌极多，足可见对月亮的图腾崇拜。

7.龙图腾。龙图腾广泛存在于白族城乡，它的影响远远超出其他图腾崇拜，是受汉文化龙图腾影响广泛且深入的象征。据传，大理和鹤庆两县市就有99条龙住持。单大理市搜集到的龙神话就多达五十多篇，现已有相关专著出版。

白族的图腾文化，五彩纷呈。其特征是水火相兼，高低相融，古今相通，白汉相合。

（二）本主信奉

吉祥的龙图腾

白族民众除崇信"佛教"外，更广泛的信奉是本土护卫神祇性质的"本主"教。"本主"一词含义是"本境最高贵的保护神"。

白族的"本主"是"人神兼备"的护卫神，仍处在原始宗教阶段。但是，由这种原始的崇拜，加之后来发展起来的祖先崇拜、英雄崇拜就构成了"本主宗教"的崇拜核心。因此本主宗教由来已久，经久不衰。后来许多帝王将相、异族要人也被列为"本主"，但"本主宗教"的核心——祖先和英雄崇拜的性质依然未变。

白族本主是单个神祇，但大多也有谱系可寻。按祭祀活动范围，有明显的地域谱系

云南大理民居一角

特征。如鹤庆县 531 个本主，按居住区域和灌溉水系可划分为 14 个本主片系。

精美的木门

按本主神祇来源，主要参考李缵绪分类，可归纳为十种类型：

1.自然崇拜之神祇。如天、地、日、月、星、风、雷、雨、电、山、海、河、沙、树等神。

2.图腾崇拜的神祇。如各种龙、虎、鸡、狮、凤凰、白石、沙石等神。

3.创世崇拜的神祇。

4.祖先崇拜的神祇。

5.英雄崇拜的神祇。如猎神杜朝选、

多神灵的宗教信仰

白族本祖庙

抗暴白姐圣妃、智杀怪妖阿杰尔、药神孟优、盐神陈文秀、独臂清平官段奕综、农民领袖李定国等。

6. 平民本主神祇。如鹤庆五峰村"五老神本主"，大理市周城农民段隆，洱源崇拜的平民"福男殿下本主"，求水催苗的村姑"龙姑、龙嫂本主"，渔民希卡托罗本主，伐木工黑天神本主等。

7. 佛、道的神祇。如牟迦陀、观世音、天王菩萨、地母老太、玉皇大帝等。

8. 南诏和大理国统治者也被分别奉为"本主"神祇。如南诏第一代国王细奴罗为大理市本主：大理国开国国王段思平为大理市鹤阳村本主，段思平之祖父段宗榜成了"最高本主——神中之神"，段宗榜之妻也成了最高"神后"。

9.汉族历史人物及亲属也被尊为本主神祇。如"天宝之战"败将——唐剑南留后李宓、被南诏俘获的四川西泸县令郑回等。

10.其他兄弟民族人物也有被奉为"本主"的。如蒙古族皇帝忽必烈、傣族抗清将领土司那荣，被剑川、元江二县白族奉为本主。

释迦牟尼像

（三）佛教信仰

西汉末年，佛教始传入中国中原内地，至隋唐达到鼎盛。唐南诏初期，吐蕃有了藏传佛教。中南半岛诸国的小乘佛教也很兴盛。可见南诏处于佛教势力包围之中。南诏立国后数十年时间，包括异牟寻时期，"本主"被立为国教，南诏官制中专设有"朵兮薄"的官职。南诏中后期，南诏果主为适应当时统一政权之需，大力推崇佛教，外来佛教才开始流传盛行，后成为南诏、大理国国教，对白族社会产生了深刻持久的影响。

通过张旭著的《大理白族史探索》，"佛教密宗大事件简表"及现有其他资料，勾勒出白族佛教信仰的一些历史线索。

公元 649 年（唐太宗贞观二十三年），传说细奴罗于是年称王，号大封民国。唐玄宗先天元年（712 年），南诏盛罗皮立，唐王朝封他为云南王。次年，南诏遣其相白族人张建成入朝。玄宗厚礼，赐浮雕像，云南始有佛书。公元747年,传唐玄宗给南诏赠《金刚经》，后南诏王为之在首府太和城上筑金刚经楼供奉之。

公元 794 年（唐德宗贞元十年），唐王

云南佛像雕塑

朝崔佐时与南诏王异牟寻在苍山神祠会盟，誓词中出现"三教"二字，可见此时佛教未占支配地位。公元799年起，南诏王开始派王公贵族子弟赴成都"留学"，每批十五人，历时六十年，学成归国上千人，为在白族地区汉、佛文化的传播，作出了不可磨灭的贡献。

大理古佛塔

公元800年（唐贞元十六年），南诏向唐王朝献上包括佛教音乐歌舞在内的数百人的大型歌舞《南诏奉圣乐》，一时轰动长安城，并使之成为唐朝宫廷音乐之一部。

南诏劝丰祐立，大兴佛教。公元824年修遍知寺。832年，南诏开始有僧自译佛经。834年，始修崇圣寺。837年，劝丰祐母出家为尼，法名慧海。后南诏废道教。839年瑜伽密宗大僧印人赞陀窟多，从西藏避乱至南诏传布密教，劝丰祐封其为"国师"。从此大修佛寺、大塑佛像，吸引白族信徒，密宗由此在南诏及白族中蓬勃兴起。王室成员皈依佛法后，喻民虔敬佛法、法宝、僧宝。劝民每家供奉佛像一堂，诵念经典，手拈素珠，口念佛号。每年正、五、九月持斋，禁宰

石窟佛像

牲口。滇境内建大寺八百，谓之蓝若，小寺三千，谓之伽蓝。848年，著名大寺崇圣寺建成。851年，剑川沙溪"三赕白张傍龙率其子张龙兴等在剑川沙登菁修造佛龛"，也就是今天的白族著名的石宝山石窟佛像群雕。

公元898年，南诏王奉宗教佛故事画卷完成，俗称《南诏图传》（民国时此画流入日本，今存日本东京友邻馆）。次年铸成崇圣寺雨铜观音像（1978年被毁）。

公元908年，大长和国王郑买嗣建"普明寺"，铸佛万尊，传为害死南诏王室八百人忏罪。

公元938年（后晋高祖天福三年），白族段思平立大理国。他也"好佛，岁岁造寺，铸佛万尊"。综观大理国共二十二个国主，除第二世主段思英被其叔段思良废为僧，法名宏修大师外，自后九个国主，皆在位时禅位为僧，实为历代政权所仅见。大理国时，不断派人入中原求取佛经。1118年，高泰明为大宋国奉使钟震、黄渐写《维摩诘经》（现此书已流入美国）。

1180年，大理国描工张胜温绘成《大理国梵画长卷》，被后人誉为"国宝"（此

大理南诏大理国王宫

画现存台湾博物馆)。1202 年，大理国派人入宋取《大藏经》，计一千四百六十五卷，置大理国都五华楼中。

1260 年大理总管段实到京都朝拜元帝，带高僧左犁同住。后佛密白僧舍利畏在滇池起义，白僧释多罗也在洱海地区起义。1355 年，云南梁王宫中有怪，请盘龙寺密僧在王宫驱邪。

1382 年，总管段明与田庵和尚等大小官员数百人被解送南京。次年，感通寺无极和

尚到南京朝拜明太祖，得御赐诗十八章归来。1396 年，大理等地密宗，明廷谓之土教，准予信奉，并在大理等府州县置阿吒力都纪司等加以管理。1420 年，大理北汤天大阿吒力董贤，奉诏进京为宫中念经驱邪。明成祖赐"国师府"匾额，并派专人送归。

1691 年，清政府"阿吒力非释非道。其术足以动众，其说足以惑人。此故盛世之乱民，王法所必禁者也"。除掉阿吒力司和朵

兮薄司在府州之官职，所余事务，分别由僧
正司和道纪司管理。

　　1706 年，大理圣源寺住持寂裕和尚译刊
全面篡改白族历史渊源的《白国因由》问世。
1856 年后的十八年，滇西农民起义，佛寺被
毁，僧侣逃亡。

　　1908 年，虚云大法师到国内外募化功德，
修建鸡足山祝圣寺。传慈禧太后亦曾拨款资
助，并颁赐藏经一部（经已毁）。

　　自清代康熙时起，"坛主"必须由县僧
正司准许给别人"念红"上奏，取一法名，
无合法身份，不能办"法事"。

　　直至新中国建立前，在白族农村中，参

大理圣源寺

多神灵的宗教信仰

与佛事活动最积极的年龄是 50 岁以上的妇女，每月
初一及十五必禁荤茹素，早晚在家烧香磕头，她们
有的加入"老妈妈会"即"念佛会"。凡是观音和
释迦牟尼的寿诞、转世皆举办大型佛会。大多数白
族农妇不会汉语，也去背佛经。佛教徒为传教深入
民心，也用汉字白文翻译了诸如《方广经》《大日经》
《亡人经》之类，好背好记很受会员欢迎。